Impressum
Verlag: BABADADA GmbH, Nedderfeld 112 , 22529 Hamburg
Geschäftsführer / Verlagsleitung: Harald Hof
Druck: Books on Demand GmbH, In de Tarpen 42, 22848 Norderstedt

Imprint
Publisher: BABADADA GmbH, Nedderfeld 112 , 22529 Hamburg, Germany
Managing Director / Publishing direction: Harald Hof
Print: Books on Demand GmbH, In de Tarpen 42, 22848 Norderstedt, Germany

škola

skola

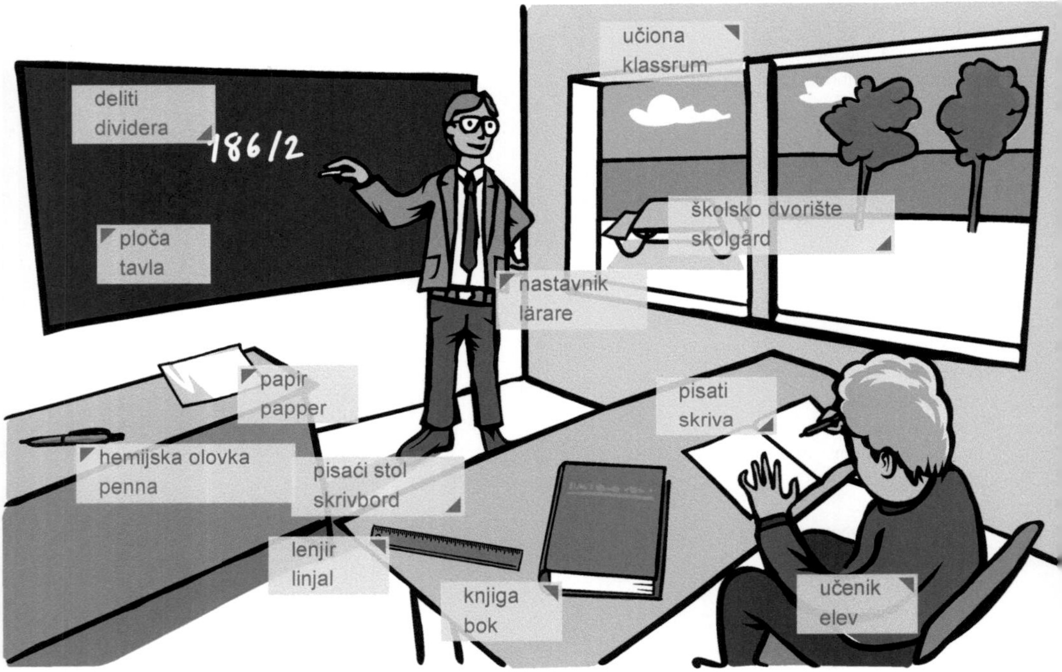
učiona
klassrum
deliti
dividera
186/2
ploča
tavla
školsko dvorište
skolgård
nastavnik
lärare
papir
papper
pisati
skriva
hemijska olovka
penna
pisaći stol
skrivbord
lenjir
linjal
knjiga
bok
učenik
elev

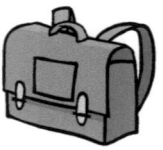

torba

skolväska

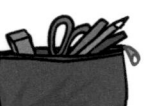

pernica

pennfodral

grafitna olovka

blyertspenna

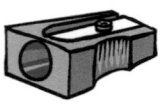

šiljilo za olovke

pennvässare

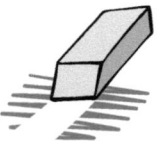

gumica za brisanje

suddgummi

blok za crtanje

ritblock

crtež
....
teckning

kist
....
pensel

kutija sa bojama
....
målarlåda

makaze
....
sax

lepilo
....
lim

beležnica
....
övningsbok

domaći zadatak
....
hemläxa

12

broj
....
tal

2+2

sabirati
....
addera

5-2

oduzimati
....
subtrahera

2✕2

množiti
....
multiplicera

računati
....
räkna

A

slovo
....
bokstav

ABCDEFG HIJKLMN OPQRSTU VWXYZ

abeceda
....
alfabet

reč
....
ord

tekst

text

čitati

läsa

kreda

krita

čas

lektion

dnevnik

register

ispit

prov

svedočanstvo

intyg

školska uniforma

skoluniform

obrazovanje

utbildning

leksikon

uppslagsverk

univerzitet

universitet

mikroskop

mikroskop

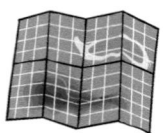

karta

karta

košara za papir

papperskorg

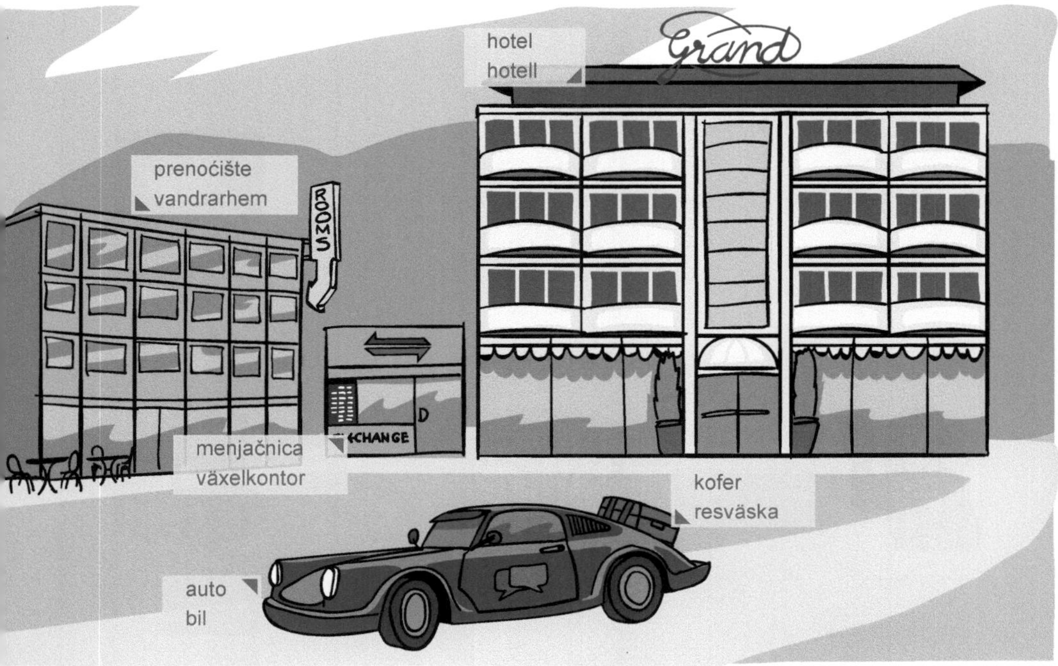
hotel
hotell
Grand
prenoćište
vandrarhem
ROOMS
menjačnica
växelkontor
CHANGE
kofer
resväska
auto
bil

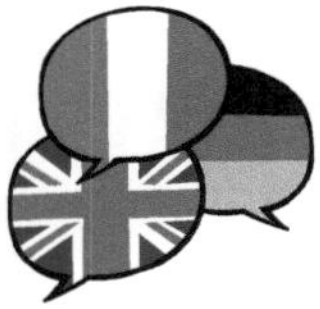

jezik
språk

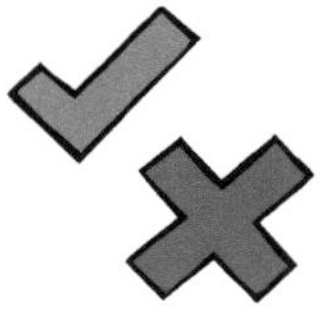

da / ne
ja / nej

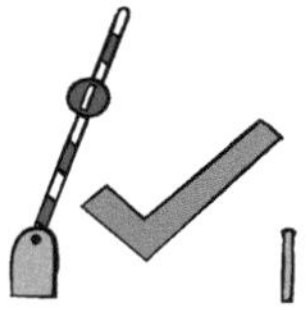

okej
Okay

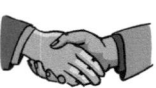

zdravo
hej

prevodilac
översättare

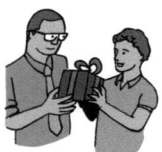

hvala
Tack

Koliko košta...?

hur mycket kostar...?

ne razumem

jag förstår inte

problem

problem

dobro veče!

God kväll!

Dobro jutro!

God morgon!

Laku noć!

God natt!

doviđenja

hejdå

smer

riktning

prtljaga

bagage

torba

väska

ruksak

ryggsäck

gost

gäst

soba

rum

vreća za spavanje

sovsäck

šator

tält

turističke informacije

turistinformation

plaža

strand

kreditna kartica

kreditkort

doručak

frukost

ručak

lunch

večera

middag

karta za vožnju

biljett

lift

hiss

poštanska markica

frimärke

granica

gräns

carina

tull

ambasada

ambassad

viza

visum

pasoš

pass

transport
transport

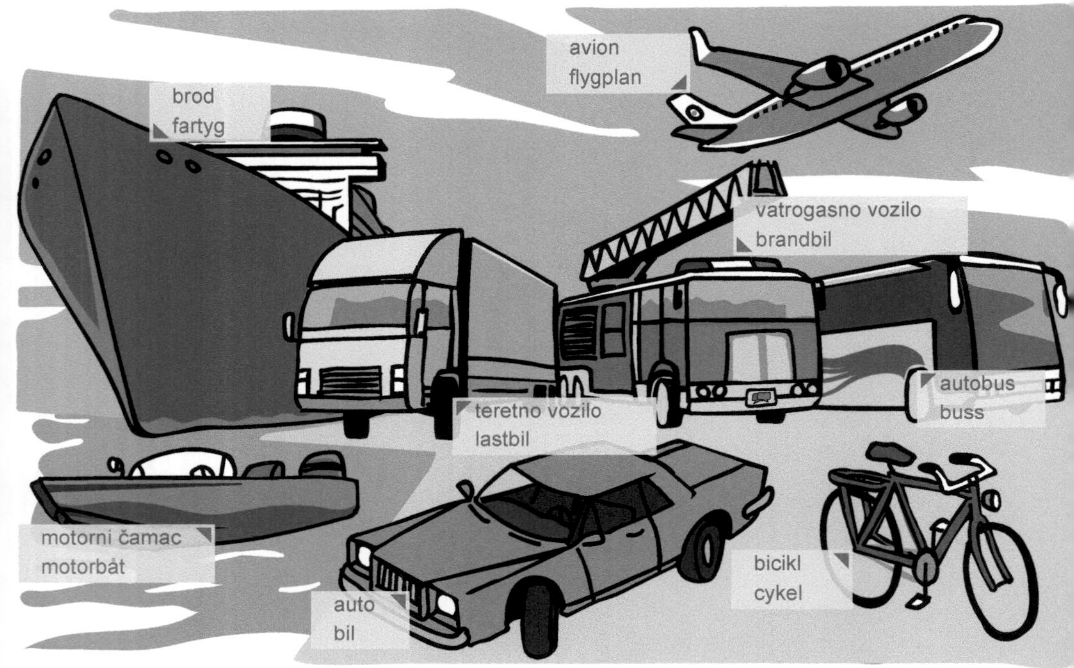

avion
flygplan
brod
fartyg
vatrogasno vozilo
brandbil
autobus
buss
teretno vozilo
lastbil
motorni čamac
motorbåt
bicikl
cykel
auto
bil

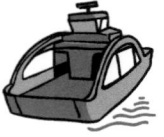

trajekt

färja

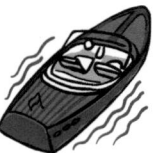

čamac

båt

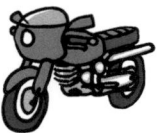

motocikl

motorcykel

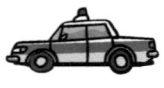

policijski auto

polisbil

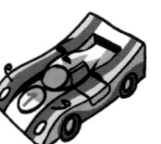

trkaći auto

racerbil

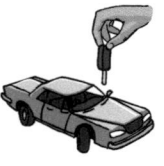

iznajmljeno auto

hyrbil

delenje automobila

bilpool

vučno vozilo

bärgningsbil

vozilo za odvoz smeća

sopbil

motor

motor

benzin

bränsle

benzinska stanica

bensinstation

saobraćajni znak

vägmärke

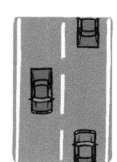

saobraćaj

trafik

zastoj

bilkö

parkiralište

parkeringsplats

železnička stanica

tågstation

šine

räls

voz

tåg

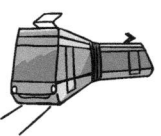

tramvaj

spårvagn

vagon

vagn

helikopter
helikopter

aerodrom
flygplats

kula
torn

putnik
passagerare

kontejner
container

karton
kartong

kolica
vagn

korpa
korg

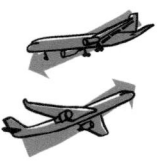

uzleteti / sleteti
starta / landa

grad
stad

selo
by

centar grada
centrum

kuća
hus

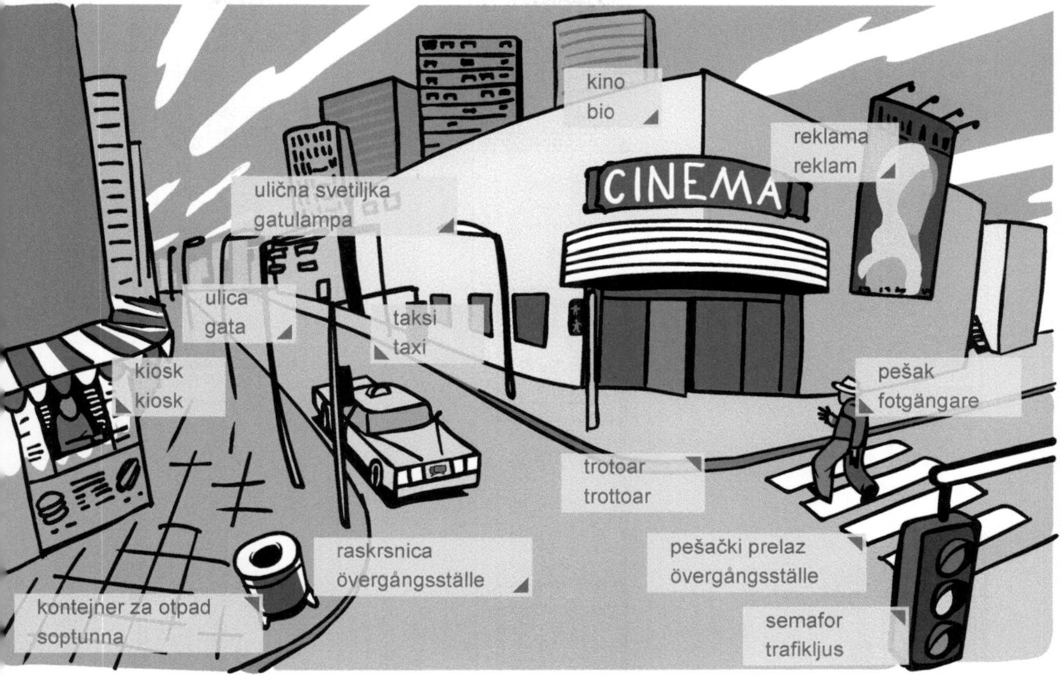

kino
bio

reklama
reklam

ulična svetiljka
gatulampa

CINEMA

ulica
gata

taksi
taxi

kiosk
kiosk

pešak
fotgängare

trotoar
trottoar

raskrsnica
övergångsställe

pešački prelaz
övergångsställe

kontejner za otpad
soptunna

semafor
trafikljus

koliba

stuga

stan

lägenhet

železnička stanica

tågstation

većnica

stadshus

muzej

museum

škola

skola

univerzitet

universitet

banka

bank

bolnica

sjukhus

hotel

hotell

apoteka

apotek

kancelarija

kontor

knjižara

bokhandel

prodavnica

affär

cvećara

blomsterbutik

supermarket

stormarknad

trg

marknad

robna kuća

varuhus

ribarnica

fiskhandlare

trgovački centar

köpcentrum

luka

hamn

park

park

klupa

bänk

most

brygga

stepenice

trappa

podzemna željeznica

tunnelbana

tunel

tunnel

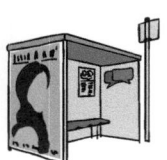

autobuska stanica

busshållplats

bar

bar

restoran

restaurang

poštansko sanduče

brevlåda

ulični znak

gatuskylt

parkirni automat

parkeringsautomat

zoološki vrt

zoo

bazen

simbassäng

džamija

moské

seosko gazdinstvo
....
bondgård

zagađenje okoline
....
förorening

groblje
....
kyrkogård

crkva
....
kyrka

igralište
....
lekplats

hram
....
tempel

pejsaž
landskap

list
löv

putokaz
vägskylt

put
väg

livada
äng

kamen
sten

šetač
liftare

drvo
träd

reka
flod

trava
gräs

cvijet
blomma

dolina

dal

planina

kulle

jezero

sjö

šuma

skog

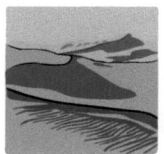

pustinja

öken

vulkan

vulkan

dvorac

slott

duga

regnbåge

gljiva

svamp

palma

palm

moskito

mygga

muva

fluga

mrav

myra

pčela

bi

pauk

spindel

buba

skalbagge

žaba

groda

veverica

ekorre

jež

igelkott

zec

hare

sova

uggla

ptica

fågel

labud

svan

divlja svinja

vildsvin

jelen

rådjur

los

älg

nasip

damm

vetrenjača

vindkraftverk

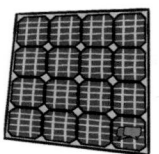

solarna ploča

solcellspanel

klima

klimat

restoran
restaurang

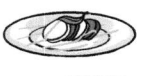

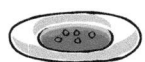

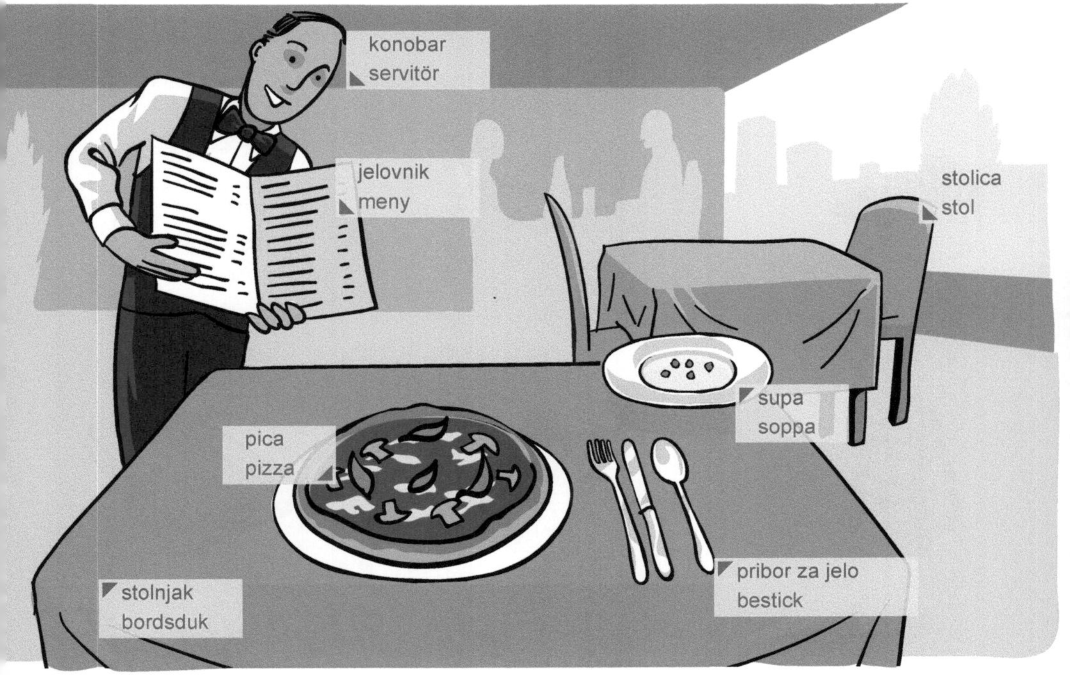

konobar
servitör
jelovnik
meny
stolica
stol
supa
soppa
pica
pizza
pribor za jelo
bestick
stolnjak
bordsduk

predjelo

förrätt

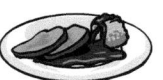

glavno jelo

huvudrätt

desert

dessert

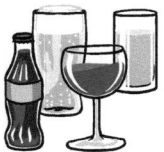

napitci

drycker

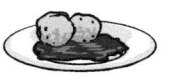

jelo

mat

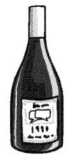

flaša

flaska

brza hrana

snabbmat

imbis hrana

street food

čajnik

tekanna

doza za šećer

sockerskål

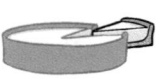

porcija

portion

aparat za espresso

espressomaskin

visoka stolica

barnstol

račun

räkning

poslužavnik

bricka

nož

kniv

viljuška

gaffel

kašika

sked

čajna kašika

tesked

salveta

servett

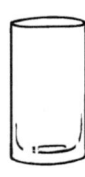

čaša

glas

tanjir

tallrik

tanjir za supu

sopptallrik

tanjirić

tefat

sos

sås

soljenka

saltkar

mlin za biber

pepparkvarn

sirće

vinäger

ulje

olja

začini

kryddor

kečap

ketchup

senf

senap

majoneza

majonnäs

supermarket
stormarknad

ponuda
specialerbjudande
FOR
kupac
kund
mlečni proizvodi
mejeriprodukter
voće
frukt
kolica za kupovinu
varukorg

BUTCHERS

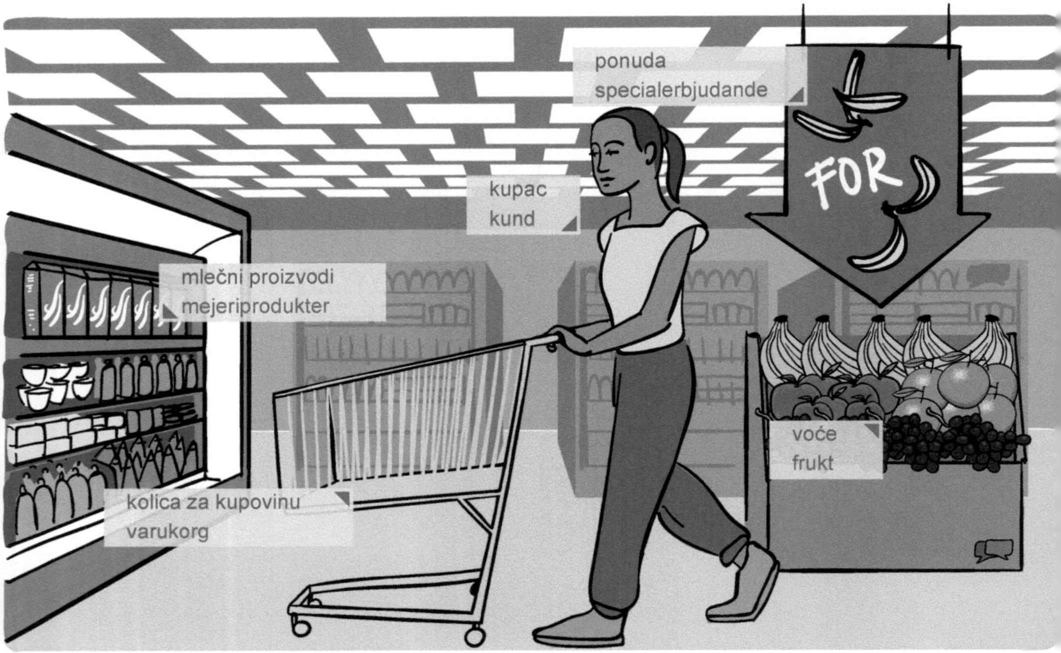

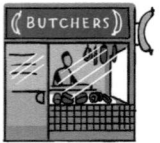

mesnica

charkuteri

BAKERY

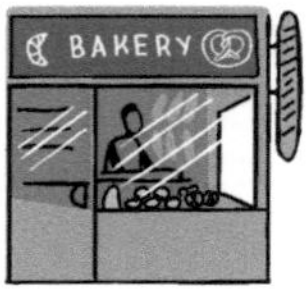

pekara

bageri

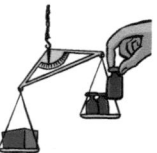

vagati

väga

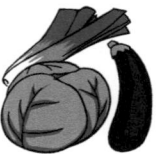

povrće

grönsaker

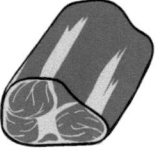

meso

kött

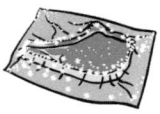

smrznuta hrana

frysta livsmedel

narezak

pålägg

konzerve

konserver

sredstvo za pranje

tvättmedel

slatkiši

godis

artikli za domaćinstvo

hushållsprodukter

sredstva za čišćenje

rengöringsmedel

prodavačica

försäljare

blagajna

kassa

blagajnik

kassör

lista za kupovinu

inköpslista

vreme rada

öppettider

novčanik

plånbok

kreditna kartica

kreditkort

torba

väska

plastična kesa

plastpåse

napitci
drycker

voda
vatten

sok
juice

mleko
mjölk

kola
cola

vino
vin

pivo
öl

alkohol
alkohol

kakao
kakao

čaj
te

kava
kaffe

espresso
espresso

cappuccino
cappuccino

banana

banan

jabuka

äpple

narandža

apelsin

lubenica

melon

limun

citron

šargarepa

morot

beli luk

vitlök

bambus

bambu

luk

lök

gljiva

svamp

orašasti plodovi

nötter

rezanci

nudlar

špagete

spaghetti

riža

ris

salata

sallad

pomfrit

pommes frites

pečeni krumpir

stekt potatis

pica

pizza

hamburger

hamburgare

sendvič

smörgås

šnicla

schnitzel

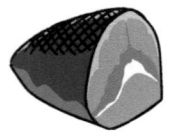

šunka

skinka

salama

salami

kobasica

korv

kokoš

kyckling

pečenje

stek

riba

fisk

zobene pahuljice

havregryn

musli

müsli

kukuruzne pahuljice

cornflakes

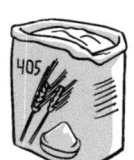

brašno

mjöl

kroasan

croissant

pecivo

fralla

hleb

bröd

toast

rostat bröd

keksi

kex

maslac

smör

sveži sir

kvarg

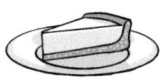

kolač

kaka

jaje

ägg

jaje na oko

stekt ägg

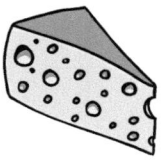

sir

ost

jelo - mat

sladoled
glass

šećer
socker

med
honung

marmelada
sylt

nugat krema
nougatkräm

kari
curry

seosko gazdinstvo
bondgård

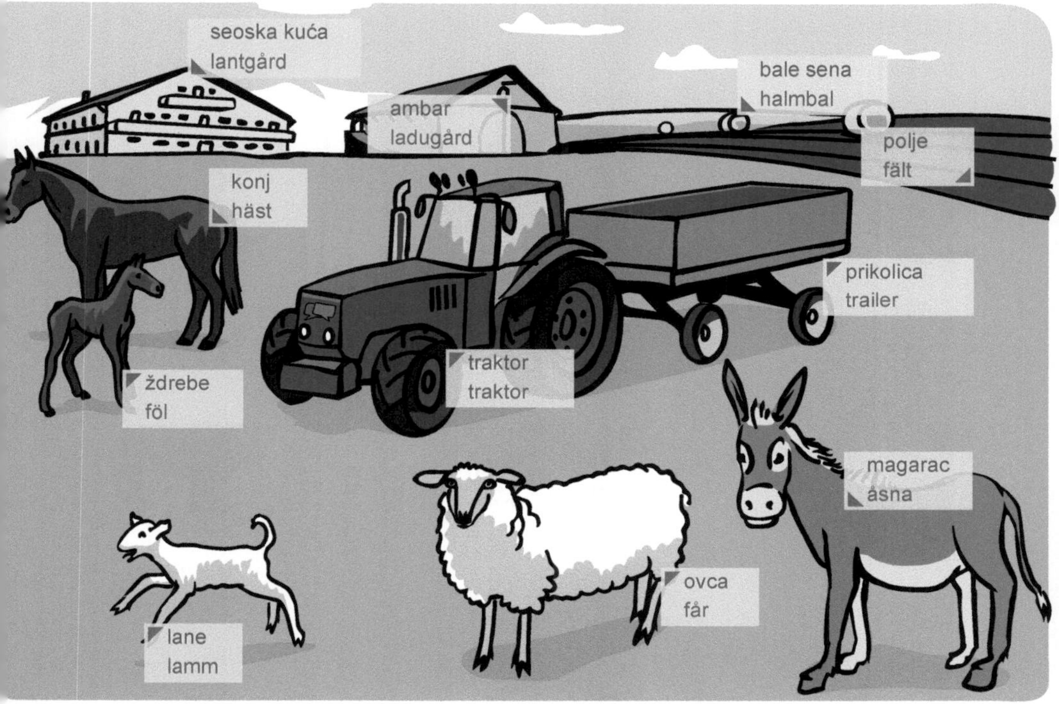

seoska kuća
lantgård
ambar
ladugård
bale sena
halmbal
polje
fält
konj
häst
prikolica
trailer
traktor
traktor
ždrebe
föl
magarac
åsna
ovca
får
lane
lamm

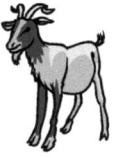

koza
get

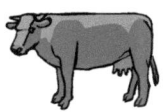

krava
ko

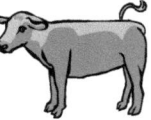

tele
kalv

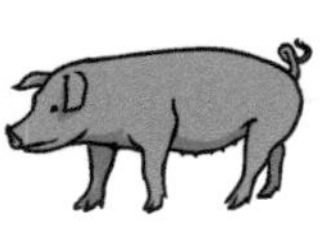

svinja
gris

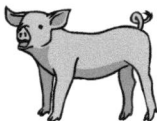

prase
griskulting

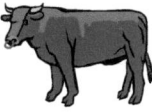

bik
tjur

guska

gås

patka

anka

pilići

kyckling

kokoš

höna

petao

tupp

pacov

råtta

mačka

katt

miš

mus

vol

oxe

pas

hund

kućica za psa

hundkoja

vrtno crevo

trädgårdsslang

kanta za polivanje

vattenkanna

kosa

lie

plug

plog

srp

skära

motika

hacka

viljuška za đubrivo

högaffel

sekira

yxa

tačke

skottkärra

korito

tråg

posuda za mleko

mjölkflaska

vreća

säck

ograda

staket

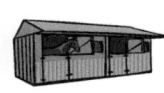

štala

stall

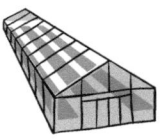

staklenik

växthus

zemlja

jord

seme

säd

đubrivo

gödsel

kombajn

skördetröska

žeti
....
skörda

žetva
....
skörd

jams začin
....
jams

pšenica
....
vete

soja
....
soja

krumpir
....
potatis

kukuruz
....
majs

uljana repica
....
raps

voćka
....
fruktträd

gomolj manioke
....
maniok

žitarice
....
spannmål

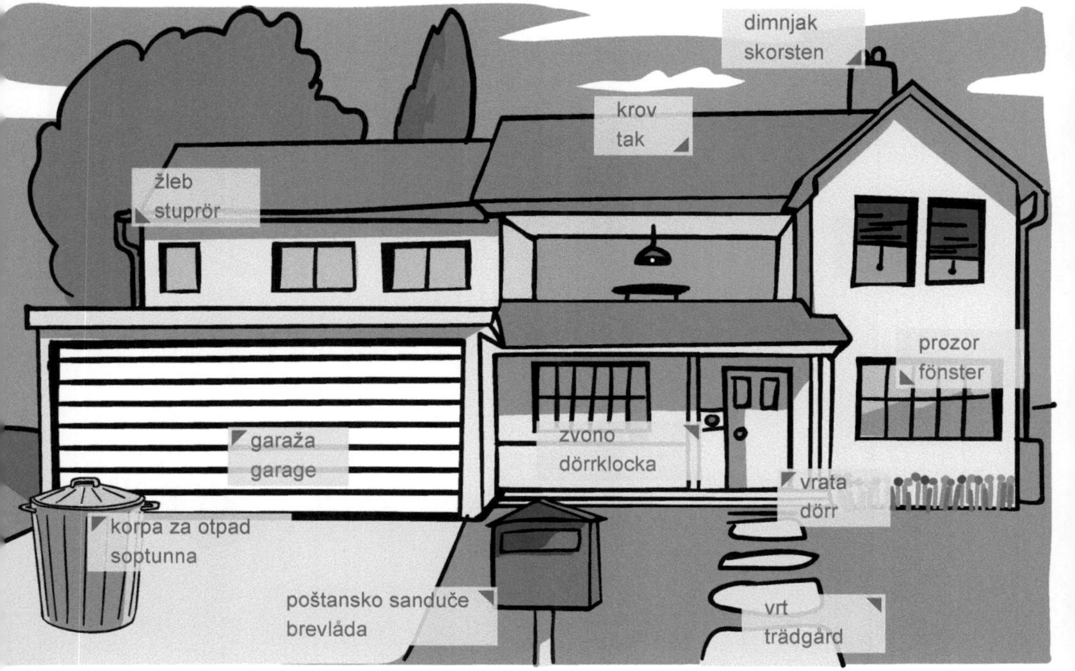

dimnjak
skorsten

krov
tak

žleb
stuprör

prozor
fönster

garaža
garage

zvono
dörrklocka

vrata
dörr

korpa za otpad
soptunna

poštansko sanduče
brevlåda

vrt
trädgård

dnevna soba
vardagsrum

kupaonica
badrum

kuhinja
kök

spavaća soba
sovrum

dečija soba
barnrum

trpezarija
matsal

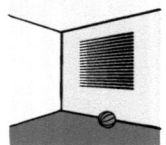

pod

golv

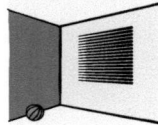

zid

vägg

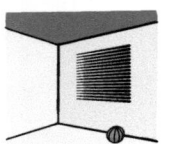

strop

tak

podrum

källare

sauna

bastu

balkon

balkong

terasa

terrass

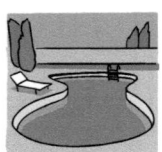

bazen

bassäng

kosilica za travu

gräsklippare

posteljina za krevet

lakan

deka za krevet

överkast

krevet

säng

metla

kvast

kanta

hink

prekidač

strömbrytare

dnevna soba
vardagsrum

tapeta
tapet
slika
bild
svetiljka
lampa
regal
hylla
ormar
skåp
televizija
TV
kamin
eldstad
cvijet
blomma
jastuk
kudde
kauč
soffa
vaza
vas
daljinski upravljač
fjärrkontroll

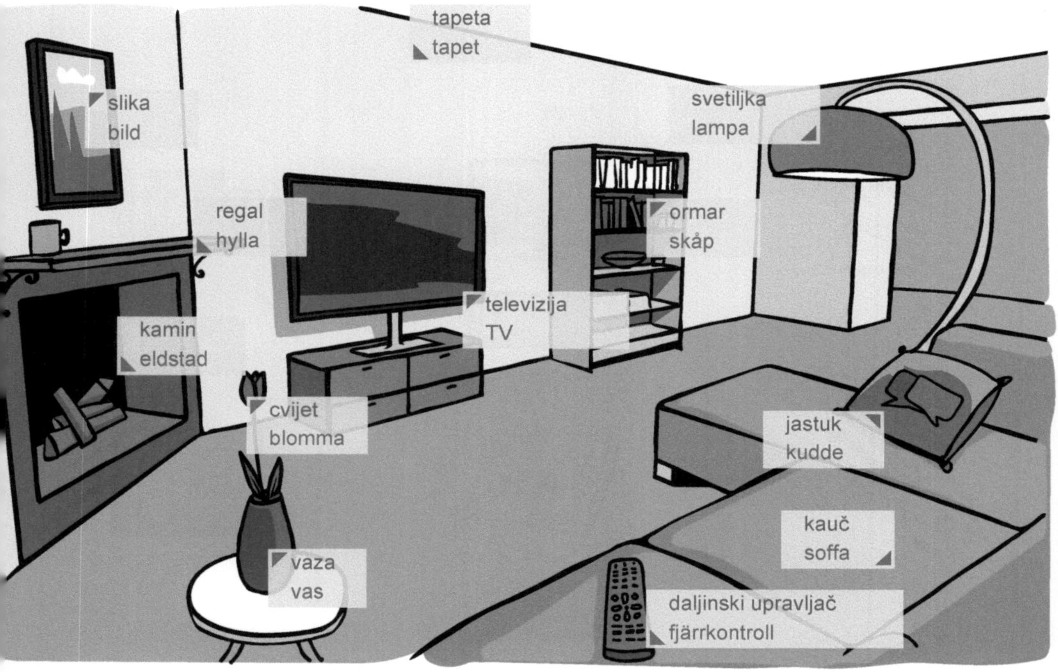

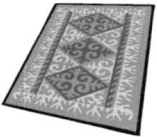

tepih

matta

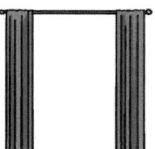

zavesa

gardin

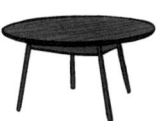

sto

bord

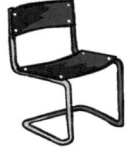

stolica

stol

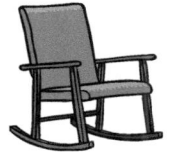

stolica za njihanje

gungstol

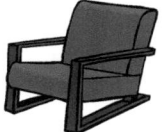

fotelja

fåtölj

knjiga
bok

deka
filt

dekoracija
dekoration

drvo za ogrev
vedträ

film
film

hi-fi uređaj
stereoanläggning

ključ
nyckel

novine
dagstidning

slika na platnu
målning

poster
poster

radio
radio

blok za pisanje
anteckningsbok

usisivač
dammsugare

kaktus
kaktus

sveća
stearinljus

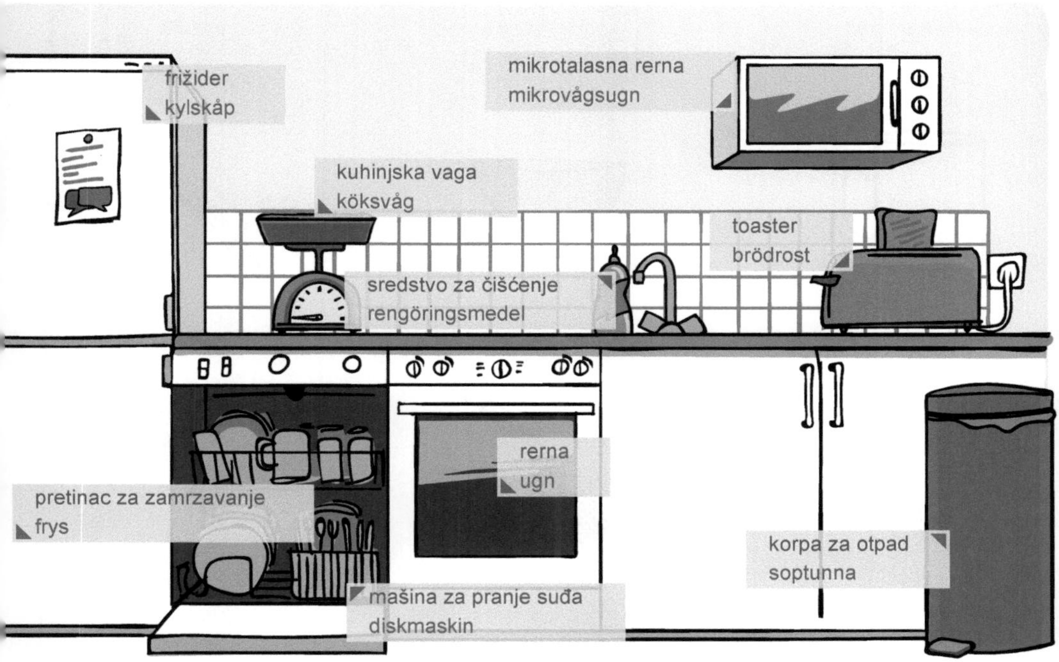

frižider
kylskåp

mikrotalasna rerna
mikrovågsugn

kuhinjska vaga
köksvåg

toaster
brödrost

sredstvo za čišćenje
rengöringsmedel

rerna
ugn

pretinac za zamrzavanje
frys

korpa za otpad
soptunna

mašina za pranje suđa
diskmaskin

šporet
spis

lonac
kastrull

gvozdeni lonac
järngryta

wok / kadai
wok / kadai

tava
stekpanna

kuvalo za vodu
vattenkokare

kuvalo na paru

ångkokare

lim za pečenje

bakplåt

posuđe

porslin

čaša

mugg

posuda

skål

štapići za jelo

ätpinnar

kutlača

soppslev

lopatica

stekspade

penjača

visp

sito za kuvanje

durkslag

sito

sil

ribež

rivjärn

mužar

mortel

roštilj

grill

ognjište

brasa

daska

skärbräda

oklagija

kavel

vadičep

korkskruv

konzerva

burk

otvarač konzervi

burköppnare

krpa za lonac

grytlapp

sudoper

vask

četka

borste

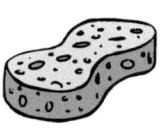

sunđer

svamp

mikser

mixer

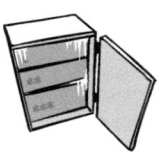

zamrzivač

frys

flašica za bebe

nappflaska

slavina za vodu

kran

kupaonica
badrum

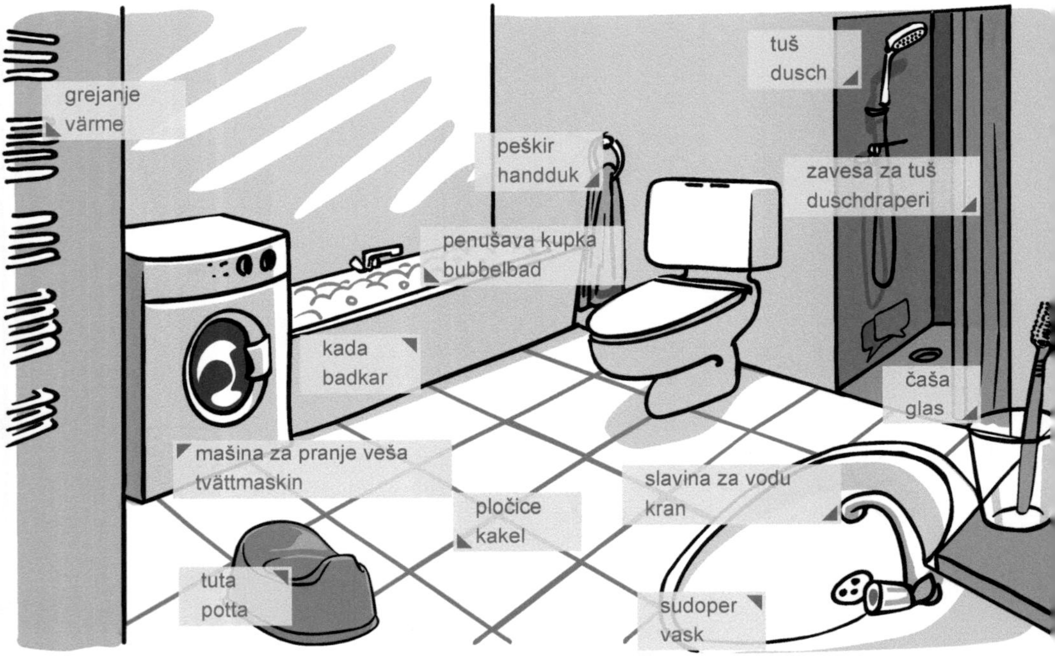

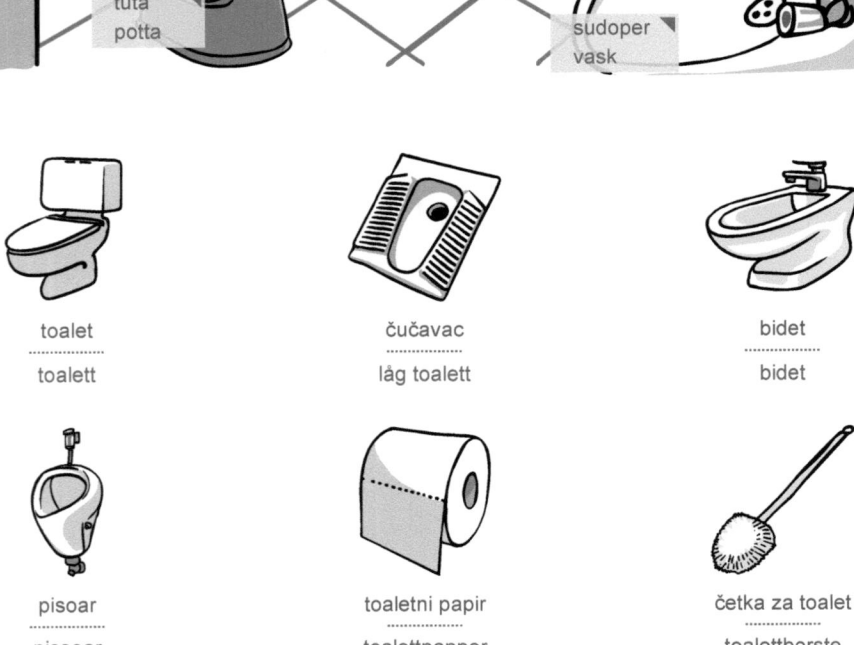

grejanje
värme
tuš
dusch
peškir
handduk
zavesa za tuš
duschdraperi
penušava kupka
bubbelbad
kada
badkar
čaša
glas
mašina za pranje veša
tvättmaskin
slavina za vodu
kran
pločice
kakel
tuta
potta
sudoper
vask

toalet
toalett

čučavac
låg toalett

bidet
bidet

pisoar
pissoar

toaletni papir
toalettpapper

četka za toalet
toalettborste

četkica za zube

tandborste

pasta za zube

tandkräm

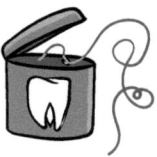

konac za zube

tandtråd

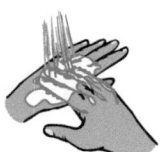

prati

tvätta

tuš ručica

handdusch

tuš za pranje intimnih delova

intimdusch

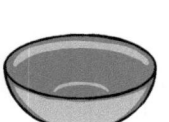

lavor

handfat

četka za pranje leđa

ryggborste

sapun

tvål

gel za tuširanje

duschgel

šampon

schampo

krpa za pranje

trasa

odvod

avlopp

krema

crème

dezodorans

deodorant

ogledalo

spegel

kozmetičko ogledalo

handspegel

brijač

rakhyvel

pena za brijanje

raklödder

losion za posle brijanja

rakvatten

češalj

kam

četka

borste

fen za kosu

hårtork

sprej za kosu

hårspray

makeup

smink

ruž za usne

läppstift

lak za nokte

nagellack

vata

bomullsvadd

makaze za nokte

nagelsax

parfem

parfym

kozmetička torbica

necessär

stolica

pall

vaga

våg

ogrtač

badrock

rukavice za čišćenje

gummihandskar

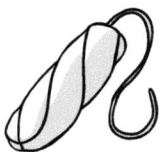

tampon

tampong

uložak

binda

hemijski toalet

kemisk toalett

dečija soba
barnrum

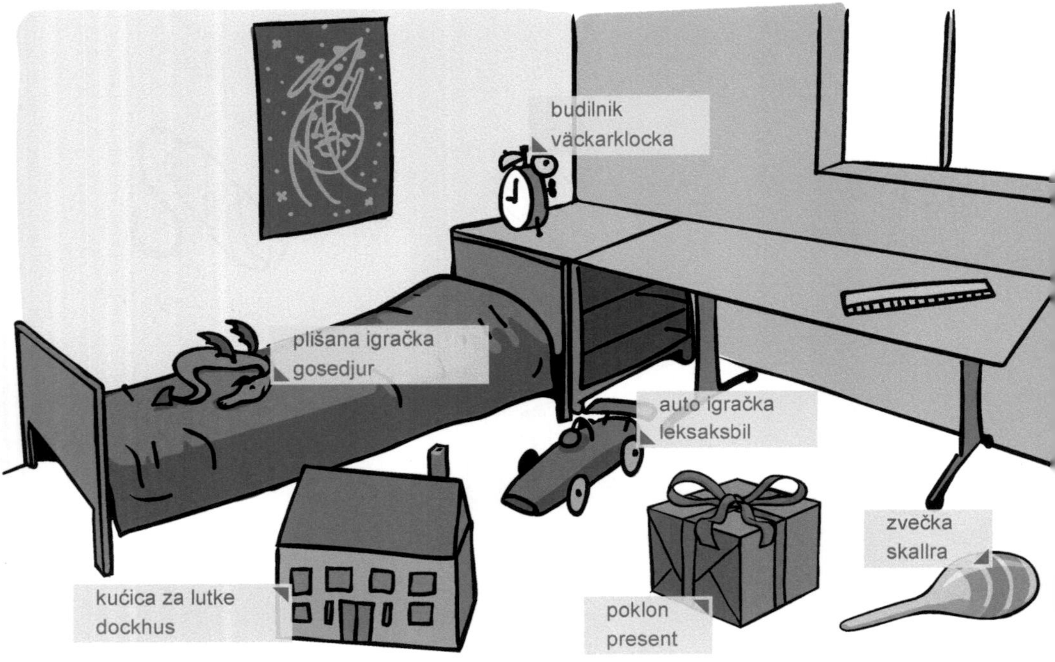

budilnik
väckarklocka
plišana igračka
gosedjur
auto igračka
leksaksbil
zvečka
skallra
kućica za lutke
dockhus
poklon
present

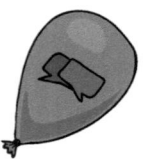

balon
ballong

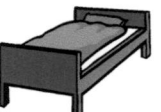

krevet
säng

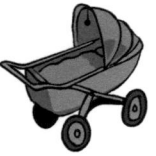

dječija kolica
barnvagn

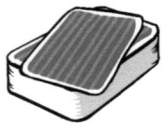

igra s kartama
kortlek

slagalica
pussel

SUPER
MEGA

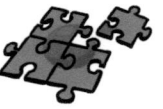

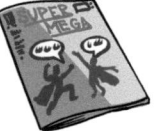

strip
serietidning

lego kockice

legobitar

kockice za slaganje

klossar

akcioni junak

actionfigur

benkica za bebe

sparkdräkt

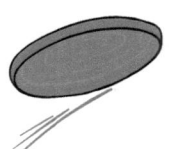

frizbi

frisbee

viseće igračke

mobil

društvene igre

brädspel

kocka

tärning

minijaturna željeznica

modelljärnväg

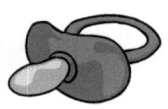

duda

napp

zabava

party

slikovnica

bilderbok

lopta

boll

lutka

docka

igrati

spela

pješčanik

sandlåda

ljuljačka

gunga

igračka

leksaker

konzola za igre

spelkonsol

tricikl

trehjuling

tedi

nalle

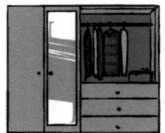

ormar

garderob

odeća
kläder

kratke čarape

sockar

čarape

strumpor

hulahopke

tights

šal
halsduk

kišobran
paraply

kaiš
bälte

majica
t-shirt

čizme
stövlar

papuče
tofflor

patike
sneakers

sandale	cipele	gumene čizme
sandaler	skor	gummistövlar

gaćice	grudnjak	potkošulja
underbyxor	BH	linne

odeća - kläder

45

bodi
body

pantalone
byxor

farmerke
jeans

suknja
kjol

bluza
blus

košulja
skjorta

džemper
pullover

džemper s kapuljačom
sweater

sako
blazer

jakna
jacka

kaput
kappa

kabanica
regnjacka

kostim
dräkt

haljina
klänning

venčanica
bröllopsklänning

odelo

kostym

spavaćica

nattlinne

pidžama

pyjamas

sari

sari

marama za glavu

slöja

turban

turban

burka

burka

kaftan

kaftan

abaja

abaya

kupaći kostim

baddräkt

kupaće gaćice

badbyxor

kratke pantalone

shorts

odeća za trening

träningsoverall

kecelja

förkläde

rukavice

handskar

dugme

knapp

naočare

glasögon

narukvica

armband

ogrlica

halsband

prsten

ring

naušnica

örhänge

kapa

mössa

vešalica

galge

šešir

hatt

kravata

slips

patent zatvarač

dragkedja

kaciga

hjälm

naramenice

hängslen

školska uniforma

skoluniform

uniforma

uniform

podbradak
....
haklapp

duda
....
napp

pelena
....
blöja

kancelarija
kontor

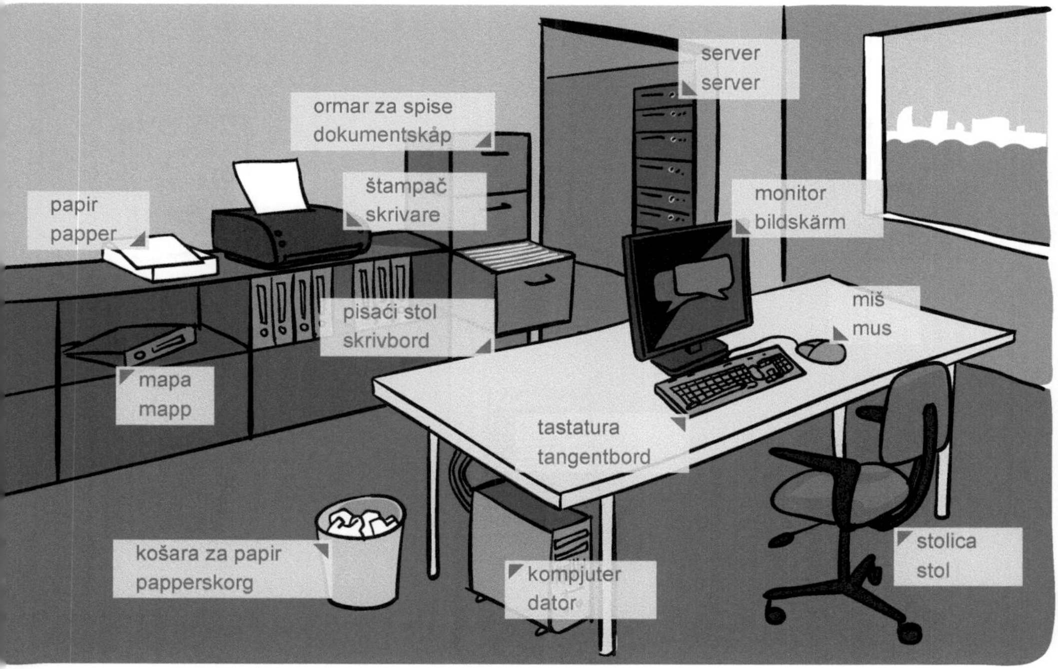

server
server

ormar za spise
dokumentskåp

štampač
skrivare

papir
papper

monitor
bildskärm

pisaći stol
skrivbord

miš
mus

mapa
mapp

tastatura
tangentbord

košara za papir
papperskorg

kompjuter
dator

stolica
stol

šalica za kavu
....
kaffemugg

kalkulator
....
miniräknare

internet
....
internet

laptop

bärbar dator

pismo

brev

poruka

meddelande

mobilni telefon

mobiltelefon

mreža

nätverk

uređaj za kopiranje

kopieringsapparat

softver

programvara

telefon

telefon

utičnica

vägguttag

faks

fax

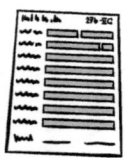

formular

blankett

dokument

dokument

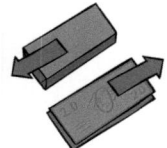

kupovati

köpa

platiti

betala

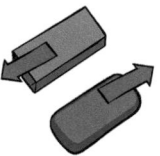

trgovati

handla

novac

pengar

 **USD**

dolar

dollar

 **EUR**

evro

euro

 **JPY**

jen

yen

 **RUB**

rublja

rubel

 **CHF**

švajcarski franak

schweizisk franc

 **CNY**

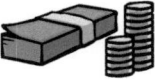

renmindbi juan

renminbi yan

 **INR**

rupija

rupie

automat za novac

bankomat

menjačnica	zlato	srebro
växelkontor	guld	silver

nafta	energija	cena
olja	energi	pris
		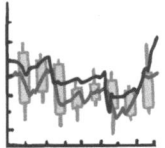
ugovor	porez	deonica
kontrakt	skatt	aktie

raditi	službenik	poslodavac
arbeta	anställd	arbetsgivare

fabrika	prodavnica	
fabrik	affär	

policajac
polis

vatrogasac
brandman

kuvar
kock

lekar
läkare

pilot
pilot

vrtlar

trädgårdsmästare

stolar

snickare

krojačica

sömmerska

sudija

domare

hemičar

kemist

glumac

skådespelare

vozač autobusa

busschaufför

vozač taksija

taxichaufför

ribar

fiskare

čistačica

städerska

krovopokrivač

takläggare

konobar

servitör

lovac

jägare

slikar

målare

pekar

bagare

električar

elektriker

građevinski radnik

byggarbetare

inženjer

ingenjör

mesar

slaktare

limar

rörmokare

poštar

brevbärare

vojnik

soldat

arhitekta

arkitekt

blagajnik

kassör

cvećar

florist

frizer

frisör

kondukter

konduktör

mehaničar

mekaniker

kapetan

kapten

zubar

tandläkare

naučnik

vetenskapsman

rabi

rabbin

imam

imam

monah

munk

svećenik

präst

alati
verktyg

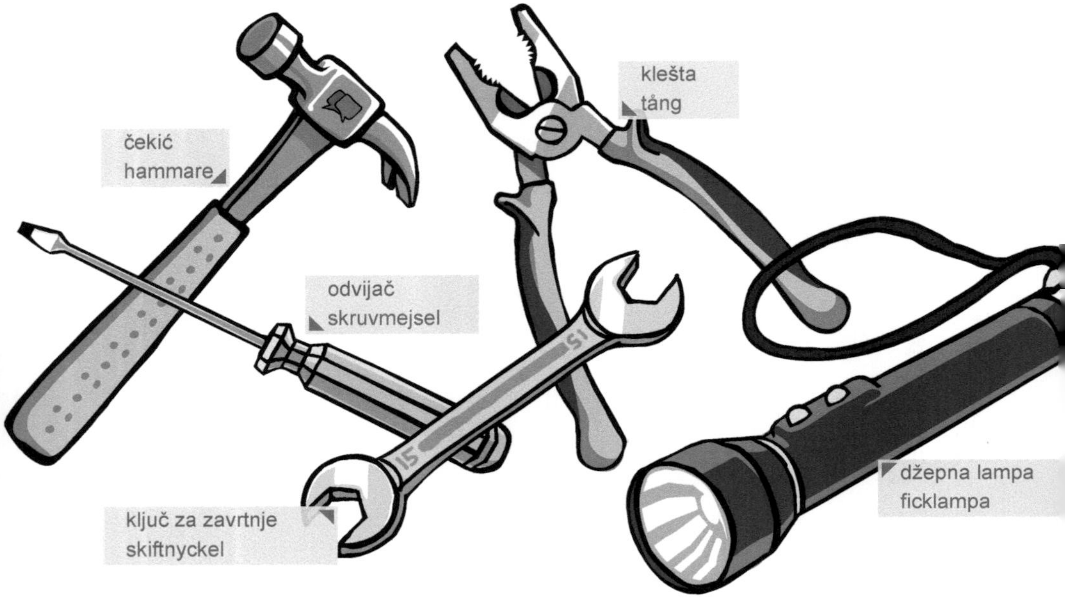

čekić
hammare
klešta
tång
odvijač
skruvmejsel
ključ za zavrtnje
skiftnyckel
džepna lampa
ficklampa

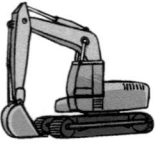

bager

grävmaskin

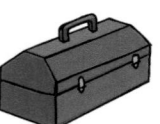

kutija za alat

verktygslåda

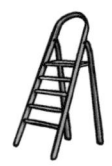

merdevine

stege

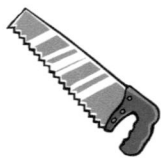

pila

såg

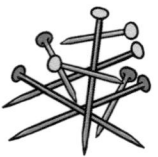

ekser

spik

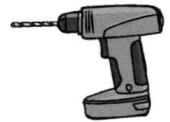

bušilica

borr

popraviti

reparera

lopata

spade

do đavola!

Helvete!

lopatica

sopskyffel

lonac za boju

färgburk

zavrtanji

skruvar

muzički instrument
musikinstrument

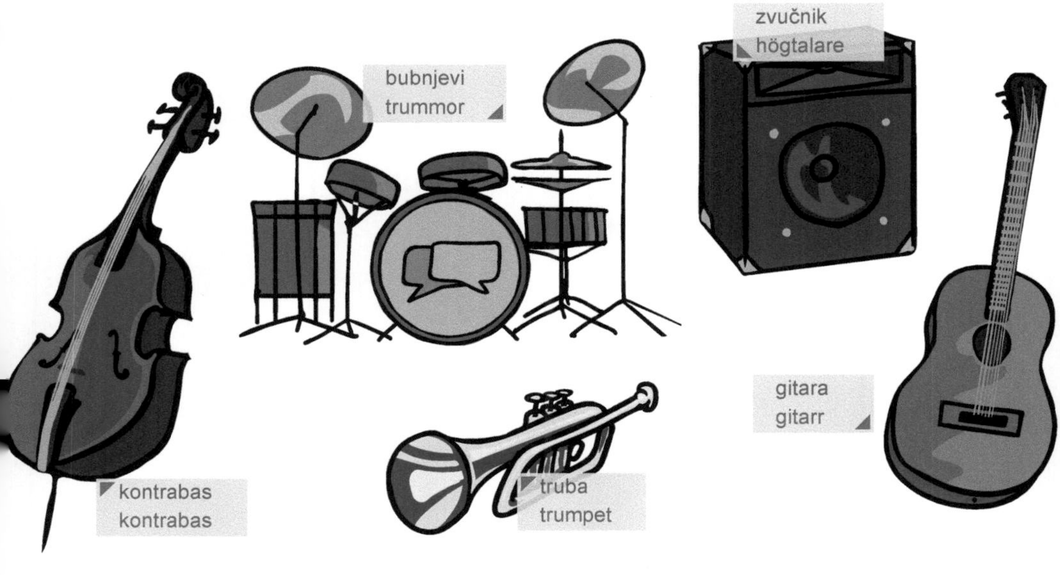

zvučnik
högtalare

bubnjevi
trummor

kontrabas
kontrabas

truba
trumpet

gitara
gitarr

klavir

piano

violina

violin

bas

bas

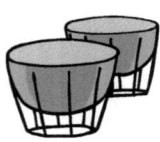

timpani

timpani

udaraljke za bubnjeve

trumma

tipke klavira

keyboard

saksofon

saxofon

flauta

flöjt

mikrofon

mikrofon

tigar
tiger

ulaz
ingáng

kavez
bur

zebra
zebra

hrana za životinje
djurfoder

panda
panda

životinje
djur

slon
elefant

kengur
känguru

nosorog
noshörning

gorila
gorilla

medved
björn

kamila

kamel

noj

struts

lav

lejon

majmun

apa

flamingo

flamingo

papagaj

papegoja

polarni medved

isbjörn

pingvin

pingvin

ajkula

haj

paun

påfågel

zmija

orm

krokodil

krokodil

čuvar u zoološkom vrtu

djurskötare

tuljan

säl

jaguar

jaguar

poni

ponny

leopard

leopard

nilski konj

flodhäst

žirafa

giraff

orao

örn

divlja svinja

vildsvin

riba

fisk

kornjača

sköldpadda

morž

valross

lisica

räv

gazela

gazell

američki nogomet
amerikansk fotboll

biciklizam
cykling

tenis
tennis

košarka
basket

plivanje
simning

boks
boxning

hokej na ledu
ishockey

fudbal
fotboll

badminton
badminton

atletika
friidrott

rukomet
handboll

skijanje
skidåkning

polo
polo

aktivnosti
aktiviteter

skočiti
hoppa
zagrliti
krama
smejati se
skratta
ići
gå
pevati
sjunga
sanjati
drömma
moliti se
be
poljubiti
kyssa

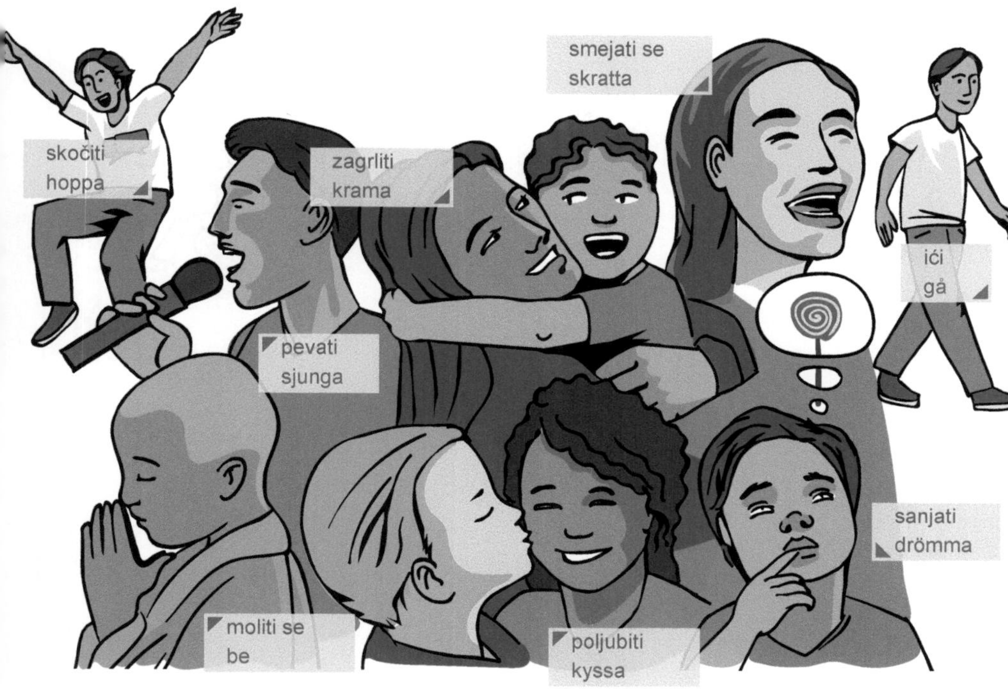

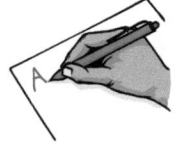

pisati

skriva

crtati

rita

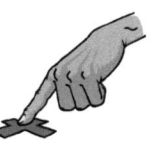

pokazati

visa

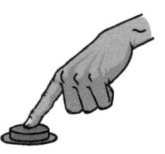

gurati

skjuta

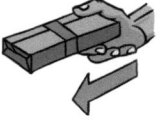

dati

ge

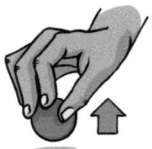

uzeti

ta

imati

hagel

činiti

göra

biti

vara

stojati

stå

trčati

springa

povlačiti

dra

baciti

kasta

padati

falla

ležati

ligga

čekati

vänta

nositi

bära

sediti

sitta

oblačiti

klä på

spavati

sova

probuditi se

vakna

aktivnosti - aktiviteter

gledati

se på

plakati

gråta

milovati

smeka

češljati

kamma

govoriti

prata

razumeti

förstå

pitati

fråga

slušati

höra

piti

dricka

jesti

äta

pospremiti

städa

voleti

älska

kuhati

laga mat

voziti

köra

leteti

flyga

ploviti

segla

računati

räkna

čitati

läsa

učiti

lära sig

raditi

arbeta

venčati se

gifta sig

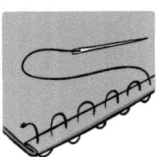

šiti

sy

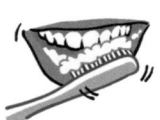

prati zube

borsta tänderna

ubiti

döda

pušiti

röka

poslati

skicka

baka
mormor/farmor

deda
morfar/farfar

otac
pappa

majka
mamma

beba
baby

kćerka
dotter

sin
son

gost
gäst

tetka
moster/faster

ujak, stric
farbror/morbror

brat
bror

sestra
syster

telo

kropp

čelo
panna
oko
öga
rame
skuldra
prst
finger
lice
ansikte
brada
haka
ruka
hand
noga
ben
grudi
bröst
ruka
arm

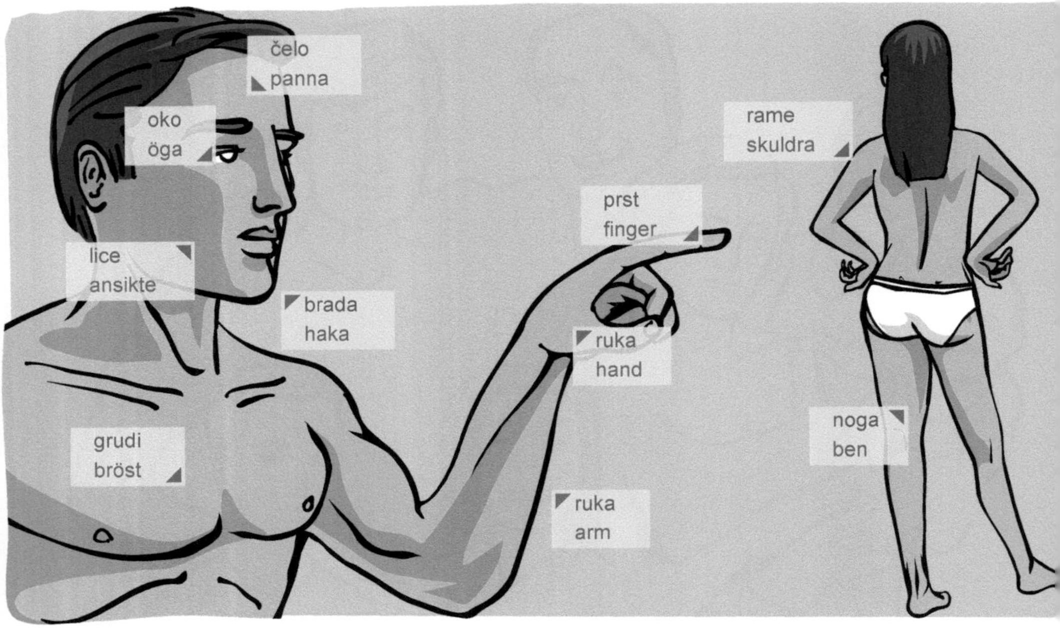

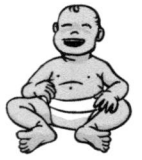

beba
baby

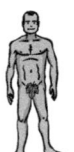

muškarac
man

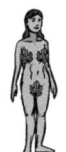

žena
kvinna

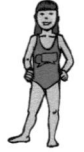

devojčica
flicka

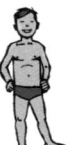

dečak
pojke

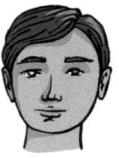

glava
huvud

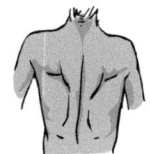

leđa
....
rygg

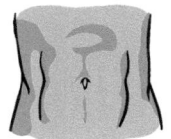

stomak
....
mage

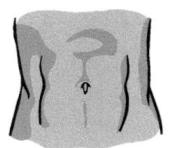

pupak
....
navel

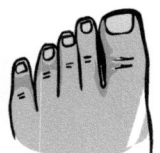

nožni prst
....
tå

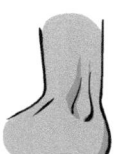

peta
....
häl

kost
....
ben

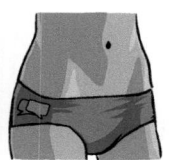

kukovi
....
höft

koleno
....
knä

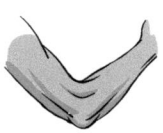

lakat
....
armbåge

nos
....
näsa

zadnjica
....
stjärt

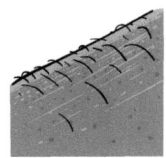

koža
....
hud

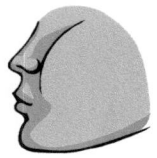

obraz
....
kind

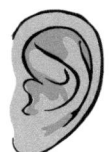

uvo
....
öra

usna
....
läpp

usta

mun

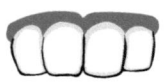

zub

tand

jezik

tunga

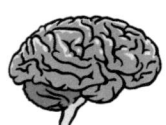

mozak

hjärna

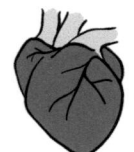

srce

hjärta

mišić

muskel

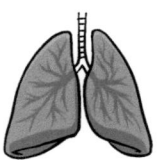

pluća

lunga

jetra

lever

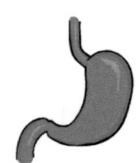

želudac

magsäck

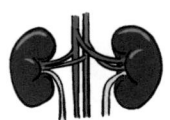

bubrezi

njurar

polni odnos

sex

kondom

kondom

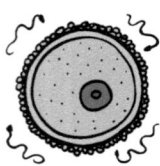

jajna ćelija

äggcell

sperma

sperma

trudnoća

graviditet

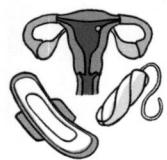

menstruacija

menstruation

vagina

vagina

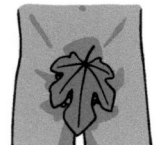

penis

penis

obrva

ögonbryn

kosa

hår

vrat

nacke

bolnica
sjukhus

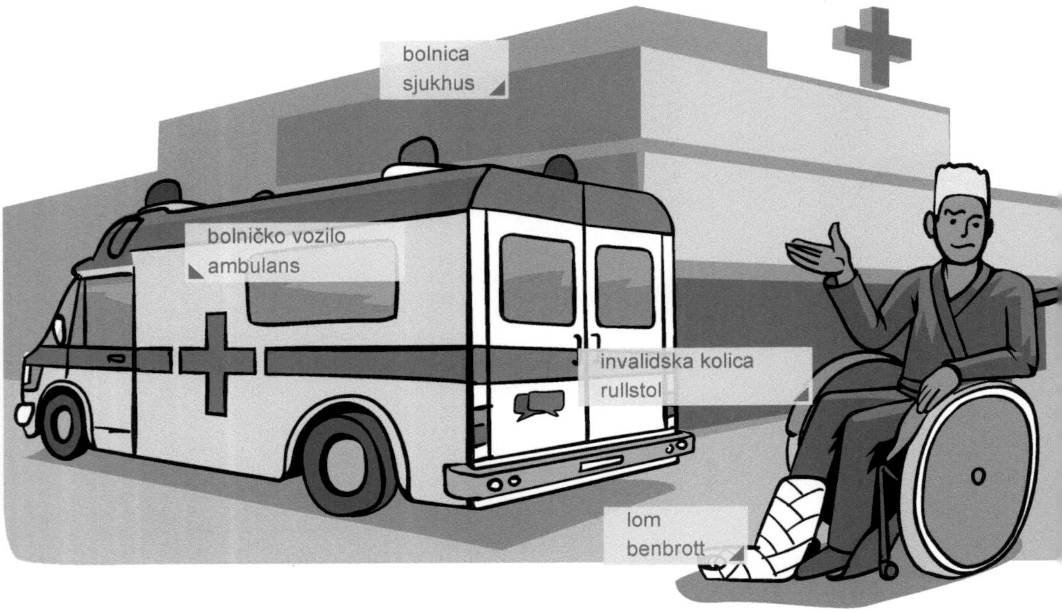

bolnica
sjukhus

bolničko vozilo
ambulans

invalidska kolica
rullstol

lom
benbrott

lekar
läkare

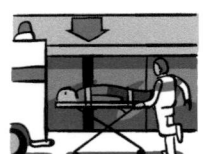

hitna medicinska služba
akutmottagning

medicinska sestra
sjuksköterska

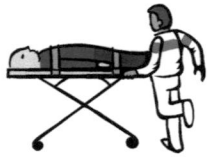

hitni slučaj
nödsituation

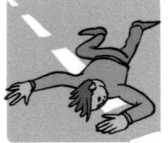

nesvest
medvetslös

bol
smärta

povreda

skada

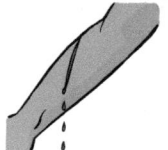

krvarenje

blödning

srčani udar

hjärtattack

udar

slaganfall

alergija

allergi

kašalj

hosta

groznica

feber

gripa

influensa

proliv

diarré

glavobolja

huvudvärk

rak

cancer

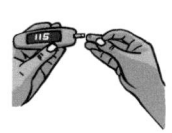

dijabetes

diabetes

hirurg

kirurg

skalpel

skalpell

operacija

operation

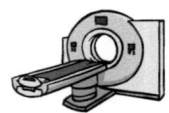

ct
CT

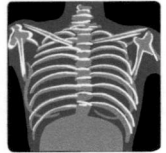

rentgen
röntgen

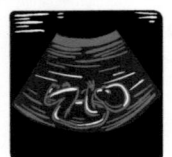

ultrazvuk
ultraljud

maska
ansiktsmask

bolest
sjukdom

čekaona
väntsal

štaka
krycka

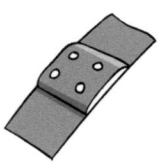

flaster
plåster

zavoj
bandage

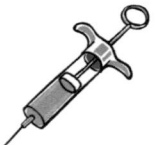

injekcija
injektion

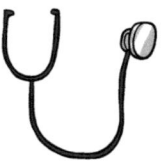

stetoskop
stetoskop

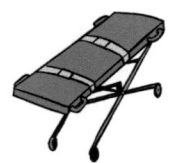

nosila
bår

termometar
termometer

rođenje
födsel

prekomerna težina
övervikt

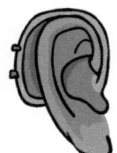

slušni aparat

hörapparat

sredstvo za dezinfekciju

desinfektionsmedel

infekcija

infektion

virus

virus

HIV / AIDS

HIV / AIDS

medicina

medicin

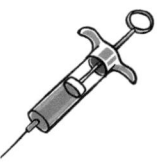

vakcinacija

vaccination

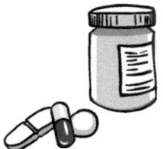

tablete

tabletter

pilula

p-piller

hitni poziv

nödsamtal

uređaj za merenje pritiska

blodtrycksmätare

bolesno / zdravo

sjuk / frisk

pomoć!

Hjälp!

alarm

alarm

nasrtaj

överfall

napad

misshandel

opasnost

fara

izlaz u slučaju nužde

nödutgång

požar!

Det brinner!

protivpožarni aparat

brandsläckare

nezgoda

olycka

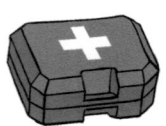

kutija prve pomoći

förbandslåda

sos

SOS

policija

polis

Evropa

Europa

Severna Amerika

Nordamerika

Južna Amerika

Sydamerika

Afrika

Afrika

Azija

Asien

Australija

Australien

Atlantik

Atlanten

Pacifik

Stilla Havet

Indijski okean

Indiska Oceanen

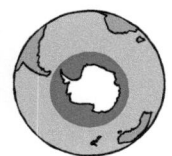

Antarktički okean

Antarktiska Oceanen

Arktički ocean

Arktiska Oceanen

Severni pol

Nordpol

Južni pol
Sydpol

Antarktik
Antarktis

zemlja
Jorden

zemlja
land

more
hav

otok
ö

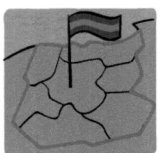

nacija
nation

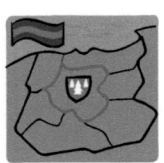

država
stat

brojčanik sata

urtavla

satna kazaljka

timvisare

minutna kazaljka

minutvisare

sekundna kazaljka

sekundvisare

Koliko je sati?

Vad är klockan?

dan

dag

vreme

tid

sada

nu

digitalni sat

digital klocka

minuta

minut

čas

timme

sedmica

vecka

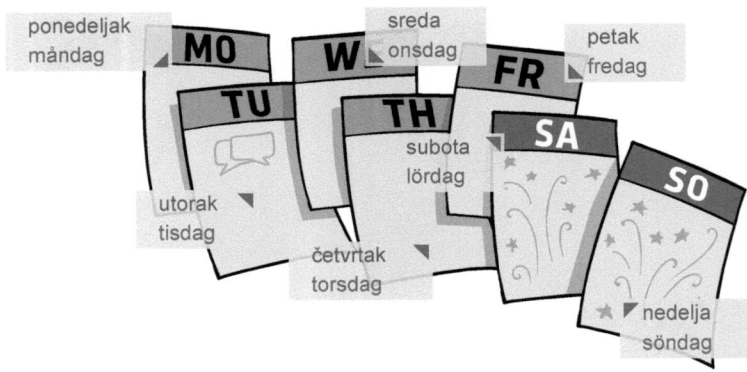

ponedeljak
måndag

sreda
onsdag

petak
fredag

utorak
tisdag

četvrtak
torsdag

subota
lördag

nedelja
söndag

juče
....
igår

danas
....
idag

sutra
....
imorgon

jutro
....
morgon

podne
....
middag

veče
....
kväll

MO TU WE TH FR SA SU

radni dani
....
vardagar

MO TU WE TH FR SA SU

vikend
....
helg

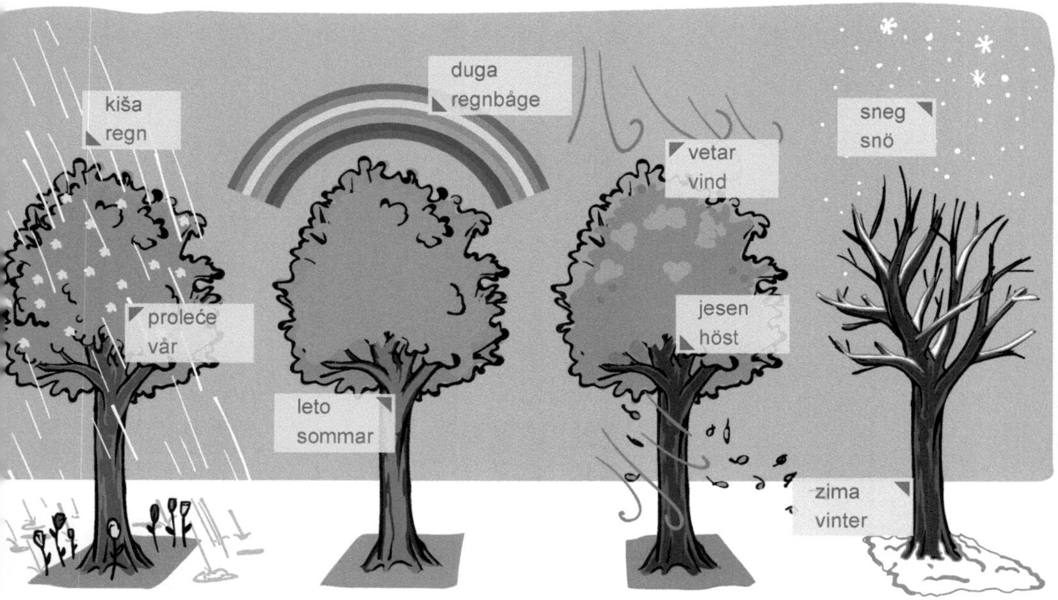

kiša
regn

duga
regnbåge

vetar
vind

sneg
snö

proleće
vår

jesen
höst

leto
sommar

zima
vinter

meteorološka prognoza

väderprognos

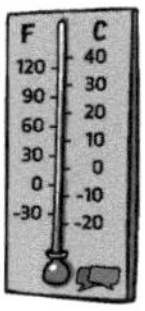

termometar

termometer

sunčana svetlost

solsken

oblak

moln

magla

dimma

vlažnost vazduha

luftfuktighet

munja

blixt

grmljavina

åska

oluja

storm

tuča

hagel

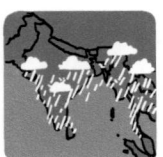

monsun

monsun

poplava

översvämning

led

is

januar

januari

februar

februari

mart

mars

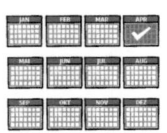

april

april

maj

maj

juni

juni

juli

juli

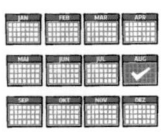

avgust

augusti

septembar
....
september

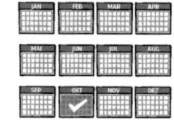

oktobar
....
oktober

novembar
....
november

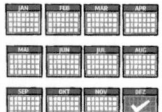

decembar
....
december

oblici

former

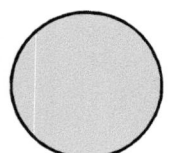

krug
....
cirkel

kvadrat
....
kvadrat

pravougao
....
rektangel

trougao
....
triangel

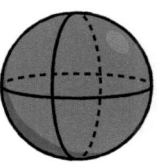

kugla
....
sfär

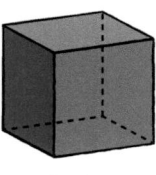

kocka
....
kub

boje

färger

bela
....
vit

žuta
....
gul

narandžasta
....
orange

ružičasta
....
rosa

crvena
....
röd

ljubičasta
....
lila

plava
....
blå

zelena
....
grön

smeđa
....
brun

siva
....
grå

crna
....
svart

mnogo / malo

mycket / lite

ljutito / mirno

arg / lugn

lepo / ružno

vacker / ful

početak / kraj

början / slut

veliko / maleno

stor / liten

svetlo / tamno

ljus / mörk

brat / sestra

bror / syster

čisto / prljavo

ren / smutsig

potpuno / nepotpuno

komplett / ofullständig

dan / noć

dag / natt

mrtvo / živo

död / levande

široko / usko

bred / smal

jestivo / nejestivo

ätlig / oätlig

zlo / dobro

ond / god

uzbuđeno / dosadno

upphetsad / uttråkad

debelo / mršavo

tjock / smal

na početku / na kraju

först / sist

prijatelj / neprijatelj

vän / fiende

puno / prazno

full / tom

tvrdo / mekano

hård / mjuk

teško / lagano

tung / lätt

glad / žeđ

hunger / törst

bolesno / zdravo

sjuk / frisk

ilegalno / legalno

olaglig / laglig

pametno / glupo

intelligent / dum

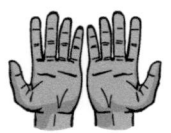

levo / desno

vänster / höger

blizu / daleko

nära / långt bort

novo / polovno

ny / begagnad

ništa / nešto

inget / något

staro / mlado

gammal / ung

uključeno / isključeno

på / av

otvoreno / zatvoreno

öppen / stängd

tiho / glasno

tyst / högljudd

bogato / siromašno

rik / fattig

tačno / pogrešno

rätt / fel

hrapavo / glatko

grov / slät

tužno / sretno

ledsen / glad

kratko / dugo

kort / lång

polako / brzo

långsam / snabb

mokro / suho

våt / torr

toplo / hladno

varm / sval

rat / mir

krig / fred

0

nula

noll

1

jedan

ett

2

dva

två

3

tri

tre

4

četiri

fyra

5

pet

fem

6

šest

sex

7

sedam

sju

8

osam

åtta

9

devet

nio

10

deset

tio

11

jedanaest

elva

12

dvanaest

tolv

13

trinaest

tretton

14

četrnaest

fjorton

15

petnaest

femton

16

šestnaest

sexton

17

sedamnaest

sjutton

18

osamnaest

arton

19

devetnaest

nitton

20

dvadeset

tjugo

100

stotinu

hundra

1.000

hiljadu

tusen

1.000.000

milion

miljon

engleski

engelska

američki engleski

amerikansk engelska

mandarinski kineski

kinesisk mandarin

hindski

hindi

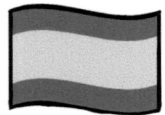

španski

spanska

francuski

franska

arapski

arabiska

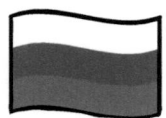

ruski

ryska

portugalski

portugisiska

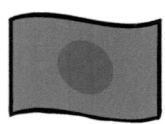

bengalski

bengali

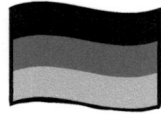

nemački

tyska

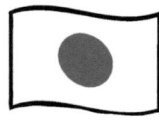

japanski

japanska

ja
....
jag

ti
....
du

on / ona / ono
....
han / hon / den (det)

mi
....
vi

vi
....
ni

oni
....
de

Ko?
....
vem?

Šta?
....
vad?

Kako?
....
hur?

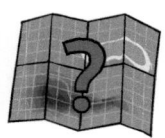

Gde?
....
var?

Kada?
....
när?

ime
....
namn

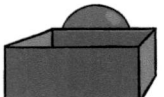

iza
....
bakom

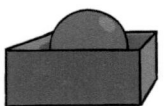

u
....
i

ispred
....
framför

preko
....
över

na
....
på

ispod
....
under

pored
....
bredvid

između
....
mellan

mesto
....
plats

92